Meine erste Tier-Bibliothek

Der Fuchs

Text von Christian Havard

Fotos von der Agentur Jacana

esslinger

Der Fuchs ist immer auf der Hut: Beim leisesten Geräusch öffnet er ein Auge. Er ist schlau.

Den Bau nutzen vor allem die Fähe (das Weibchen) und die Welpen. Der Rüde schläft lieber draußen.

Er wartet

Im Herbst fliegen die bunten Blätter im Wind. Der feuchte Wald duftet nach Pilzen.
Die meisten Vögel sind fortgezogen und die anderen bereiten sich auf den Winter vor.
Die Füchse verstecken sich im Unterholz und schlafen. Tagsüber rollen sie sich zu einer Kugel zusammen und sind so klug, sich nicht zu zeigen. Erst abends gehen sie in ihrem Revier auf die Jagd.

Gut ausgestattet

Bevor er sein Versteck verlässt, putzt sich der Fuchs gründlich. Er gähnt und reckt sich, dann leckt er sein Fell mit kräftigen Zungenschlägen. Im Herbst wird das Fell dichter; Füchse müssen nicht frieren! Ihre beweglichen Ohren drehen sich in alle Richtungen, um auch den leisesten Ton einzufangen. Leider können Füchse reglose Dinge nur schlecht erkennen, aber auf ihren hervorragenden Geruchssinn können sie sich verlassen.

Der buschige Schwanz hilft den Füchsen, das Gleichgewicht zu halten. Die Schwanzspitze ist immer weiß.

Beim Gähnen zeigt er alle 42 Zähne; davon sind 4 lange spitze Fangzähne. Es ist das Gebiss eines Fleischfressers.

Die Augen sind hellbraun. Wie bei Katzen bilden die Pupillen tagsüber einen Spalt und nachts ein Oval.

Dieser Fuchs erkennt am Geruch, wer vor ihm hier war: ein anderer Fuchs, ein paarungswilliges Weibchen oder ein Welpe.

Dachse und Kaninchen leben in der Nachbarschaft.

Angelegte Ohren, aufgerissene Schnauze – das bedeutet Kampf!

Einzelgänger

Im Eiltempo trippelt der Fuchs über die Wiesen. Manchmal bleibt er stehen, schnüffelt am Gras oder nimmt eine Witterung auf. Na sowas, ein anderer Fuchs war auch schon hier! Schnell! Er löscht den Geruch des Artgenossen aus, indem er auf dessen Fährte pinkelt. Wenn sie sich begegnen, kämpfen sie gegeneinander. Sie kläffen und bellen wütend. Sie bringen achtundzwanzig verschiedene Laute hervor – sie können sich verständlich machen!

Füchse markieren ihr Revier, indem sie gut sichtbar Urin oder Kot auf einem Stein hinterlassen.

Alles schmeckt gut

Die Jagd geht weiter. Der Fuchs scheucht einen Hasen auf, der im Zickzack-Lauf wegrennt. Listig nimmt er eine Abkürzung und fängt den Hasen doch noch. Schlau wie ein Fuchs eben! Erschöpft frisst er zum Schluss der Mahlzeit noch ein paar Regenwürmer. Dazu steckt er die Schnauze in den feuchten Boden, zieht die Würmer vorsichtig heraus und verschlingt sie dutzendweise wie Spaghetti! Zum Nachtisch frisst er Beeren.

Wenn die Beute zu groß ist, versteckt der Fuchs die Reste. Er findet seine Vorräte immer wieder.

Waldmäuse, Kaninchen ...

... Rebhühner, Enten ...

... Früchte, Kleintiere
– Füchse fressen alles.

Füchse verständigen sich über Gerüche, Laute und Körpersprache. Sogar im Schnee finden sie sich mühelos zurecht.

Jedes Jahr sind sie eine Woche lang verliebt.

Die Fähe paart sich mehrmals mit dem Rüden.

Anderthalb Monate lang wachsen die Welpen im Bauch der Fähe heran. Der Papa wartet.

Liebesleben

Im Januar sucht sich der Fuchs eine Gefährtin. Die Fähen schreien und hinterlassen auf ihrer Fährte einen bestimmten Duft, der die Rüden anzieht. Der Schlaueste kann ein Weibchen erobern. Die Verliebten spielen Fangen und schmusen vor der Paarung. Treu ist aber keiner der beiden.

Sind die niedlich!

Der große Tag ist gekommen. Die Fähe sucht sich einen Bau, häufig einen, den ein anderes Tier schon gegraben hat. Sie richtet eine Kammer mit getrockneten Gräsern und Fellhaaren gemütlich ein. Vier Tage lang verlässt sie den Bau nicht mehr.

Mit einem Monat verlassen die Babys den Bau.

Mit fünf Wochen verlängert sich die Schnauze, die Ohren wachsen und das Fell wird rot.

Mit sieben Wochen sind alle Milchzähne da.

Da sind sie ja! Die kleinen Fuchswelpen sind dunkelhaarig; ihre Augen sind noch geschlossen. Sie wiegen hundert Gramm, gerade so viel wie eine Mandarine. Schnell! Sie schnappen sich eine Zitze und trinken die lauwarme Milch. Drei Wochen lang bekommen sie nichts anderes zu fressen. Ihre Mutter ist müde. Sie bleibt bei ihnen, für Nahrung sorgt der Vater.

Achtung, Gefahr!

Die Welpen sind in der Sonne eingeschlafen und sehen den kreisenden Adler nicht. Sie erkennen die Gefahr noch nicht. Zum Glück passen ihre Eltern auf. Der Adler ist zwar blitzschnell, aber die Schreie der Eltern wecken die Kleinen, die rasch im Bau verschwinden. Dieses Mal zieht der Adler ohne Beute ab. Uff! Die Welpen brauchen jetzt eine Portion Milch zur Beruhigung.

Adler und Luchse machen Jagd auf die Welpen, aber die Menschen töten mehr Füchse als die Adler.

Die verspielten Welpen rennen die ganze Zeit herum und wollen alles erkunden. Sie werden aber noch schnell müde.

Bei Gefahr verstecken sich die Welpen im Bau.

Mit ihren acht Zitzen ernährt die Mutter ihre Kleinen, bis sie sechs Wochen alt sind.

Für die größeren Welpen würgt die Mutter gefressenes Fleisch wieder heraus, wenn sie Hunger haben.

Jeder Welpe ist anders. Es gibt Frechdachse und Raufbolde, aber auch Sanfte und Schüchterne.

Kämpfen trainiert für die Jagd. Wer ist stärker?

Anfangs bleiben die Welpen noch in der Nähe des Baus. Später laufen sie immer weiter fort.

Viel zu lernen

Dieses Mal bleibt der Rüde bei seiner Familie. Er spielt mit den Welpen, bringt ihnen Nahrung und passt auf sie auf. Indem sie die Erwachsenen beobachten, lernen die Welpen, wie sie sich verhalten müssen. Sie machen viel Lärm beim Spielen und lassen angenagte Reste vor dem Bau herumliegen. Sie müssen noch viel lernen. In dieser Zeit kann man sie am besten beobachten.

Die Trennung

Die Welpen können jetzt allein jagen. Im Herbst verlassen sie eines Abends ihre Familie. Selbstsicher laufen sie einfach drauflos. Diese Trennung nennt man Abwanderung.
Auf der Suche nach einem eigenen Revier laufen die Füchse viele Kilometer weit – meist nachts. Sie sind jetzt sechs Monate alt und kennen noch nicht alle Gefahren.

Nattern sind nicht gefährlich, aber diese hat den Welpen erschreckt. In Zukunft wird er ihnen aus dem Weg gehen.

Dieser Fuchs rührt keinen Igel mehr an. Die Stiche rund um die Nase tun doch zu weh.

Der Fuchs ist ohne Schwanz 80 Zentimeter lang und wiegt 8 Kilo: Mit 6 Monaten ist er ausgewachsen und beginnt sein Leben als Einzelgänger.

Unbeliebt

Die Schläue des Fuchses ist sprichwörtlich. Er kommt in vielen Märchen und Fabeln vor, wie zum Beispiel in Goethes »Reineke Fuchs«. Heute ist er den Menschen oft lästig. Sie halten ihn für einen raffinierten Hühner- und Wilddieb, der getötet werden muss.
Dabei sind Füchse wichtig für die Natur. Als Raubtiere sorgen sie für das natürliche Gleichgewicht.

Füchse kommen gern zu Besuch, wenn sie bei uns Reste finden.

Füchse in der Stadt

Die Menschen siedeln überall, auch in den Revieren von Füchsen. Deshalb kommen die Füchse nachts in die Städte, wo sie in den Mülltonnen genug zu fressen finden und sich überall verstecken können. Sie helfen aber auch bei der Vermeidung von Epidemien, indem sie geschwächte oder kranke Tiere fressen.

Pelz ist wieder Mode

Um 1980 schämten sich die Leute, Pelzmäntel zu tragen. Mit der Vorliebe für natürliche Produkte kommt aber auch diese Mode wieder auf. Deshalb bedient man sich jetzt europaweit in der Natur, um Material für Pelzmäntel zu finden. Dabei gibt es doch wirklich genug andere Stoffe!

Pelze von Füchsen, Hermelinen, Wölfen, ja sogar von Waschbären! In ihrer Geldgier töten die Menschen alles, was ihnen vor die Flinte kommt.

Massaker!

Fangjagd, Hetzjagd, Baujagd, Vergiften und Abschussprämien verringern den Bestand der Füchse. Dabei stehlen sie inzwischen kaum noch Hühner, weil die besser bewacht werden als früher. Sie übertragen auch keine Tollwut mehr; diese Krankheit ist in Europa sehr selten geworden. Der Mensch kann mit dem Fuchs leben, denn dieser wird ihm nicht gefährlich. Schluss mit der überflüssigen Verfolgung!

Giftgas aus Spraydosen tötet die Füchse auf fürchterliche Weise.

Ähnliche Tiere

Füchse sind wie Hunde und Wölfe Fleischfresser aus der Familie der Kaniden. Sie können alle sehr schnell rennen. Ihr ausgezeichneter Geruchssinn und ihr feines Gehör helfen ihnen bei der Jagd. Sie sind auf der ganzen Welt verbreitet.

Ein Polarfuchs

Der **Polarfuchs,** auch Eisfuchs genannt, lebt am Nordpol. Im Gegensatz zum Rotfuchs wird sein Fell im Winter weiß und im Sommer grau. Er jagt Nagetiere und Vögel oder stiehlt die Reste von Polarwölfen und Eisbären.

Ein Wolf

Wölfe leben und jagen im Rudel. Ein Rudel wird von einer Leitwölfin und einem Leitwolf angeführt, die ihr Leben lang zusammenbleiben. Große Tiere, zum Beispiel Elche und Hirsche, jagen die Wölfe zu mehreren. Einzeln töten sie vor allem Hasen oder Nagetiere. Menschen werden von ihnen jedoch nie angegriffen, dazu haben die Wölfe zu große Angst.

Ein Fennek

Ein **Fennek** ist kleiner als ein Fuchs. Mit seinen großen Ohren hört er im Wüstensand auch das geringste Geräusch. Er ernährt sich von Insekten, Eidechsen und kleinen Nagern.

Marderhunde kommen vor allem in Ostdeutschland vor. Ursprünglich stammen sie aus Ostasien. Sie sind gedrungener als Füchse, wiegen aber das Gleiche. Auch sie sind Allesfresser und ernähren sich von Nagetieren, Fischen, Insekten und Früchten.

Ein Marderhund oder Enok

Einige Fragen zum Leben der Füchse. Die Antworten findest du in diesem Buch.

Warum schlafen Füchse tagsüber? 7
Wie spüren Füchse ihre Beute auf? 8
Wie viele Zähne haben Füchse? 8
Wie sehen die Augen der Füchse aus? 9
Was machen Füchse, wenn sie einem anderen Fuchs begegnen? 10, 11
Wie viele Laute bringen Füchse hervor? 11
Wie markieren sie ihr Revier? 11
Welche Jagdtechniken wenden sie an? 12, 13
Welche Beutetiere jagen die Füchse? 12, 13, 14, 15
Verfehlen Füchse auch manchmal ihre Beute? 12, 13
Was machen sie mit großen Beutetieren? 14
Woran erkennt man, dass Füchse schlau sind? 6, 12, 13, 14
Wie holen sich Füchse Regenwürmer? 14
Wie verständigen sich Füchse? 11, 16
Was machen die Fähen, um Rüden anzulocken? 17
Bleiben Fuchspaare ein Leben lang zusammen? 16, 17
Wie lange sind die Fähen trächtig? 17
Wo werden die Fuchswelpen geboren? 18
Wie sehen die Fuchswelpen nach der Geburt aus? 19
Wann verlassen die Fuchswelpen den Bau? 18
Wovon ernähren sich die Welpen? 19, 21, 22
Wie heißen die Feinde der Welpen? 20
Warum kämpfen die Welpen so gern? 23
Wann verlassen die Jungfüchse ihre Familie? 24
Wie groß ist ein ausgewachsener Fuchs? 25
Warum werden Füchse getötet? 26, 27
Warum sollte man sie lieber schützen? 26, 27
Zu welcher Familie gehören die Füchse? 28
Kennst du weitere Kaniden? Wie heißen sie? 28, 29

Fotos © 2001 Agentur JACANA
H. Brehm: Titelfoto; S. Cordier: S. 6, S. 11 (u.), S. 15 (m.r.), S. 20, S. 21 (o.); M. Danegger: Foto der Rückseite, S. 8 (o.), S. 9, S. 10-11 (o.), S. 10 (u.r.), S. 12 (o. und u.r.), S. 12-13 (u.), S. 14-15, S. 22 (u.), S. 22-23 (o.), S. 25; A. Saunier: S. 4; P. Pilloud: S. 6-7; P. Bourges: S. 10 (u.l.); J.-L. Le Moigne: S. 15 (o.r.); P. Nief: S. 15 (u.r.); S. Krasemann: S. 16 (u.r.), S. 17; E. Dragesco: S. 21 (u.r.); K. Schneider: S. 22 (o.r.); Varin-Visage: S. 23 (u.); E. Sipp: S. 27 (u.r.); T. Walker: S. 28 (o.r.); J. Lepore/PHR: S. 28 (u.l.), PYA: S. 29 (o.); B. Mallet: S. 29 (u.r.)

Fotos © 2001 Agentur BIOS
J. Mingorance: S. 8 (u.); F. Cahez: S. 12 (m.), S. 18 (u.l.); F. Deshandol: S. 13 (o.); S. Krasemann/Peter Arnold: S. 16 (u.r.); R. Cavignaux: S. 18-19, S. 19 (o.r.); M. Lefevre: S. 21 (u.r.); D. Heuclin: S. 24 (o. und u.), S. 26 (u.l.); G. Lopez: S. 26-27 (o.)

Die französische Originalausgabe erschien erstmals 2001 unter dem Titel »Le renard, chasseur malicieux« bei Éditions Milan.
Herausgeberin: Valérie Traqui

Aus dem Französischen von Anne Brauner

Anschrift: Postfach 10 03 25, 73703 Esslingen
www.esslinger-verlag.de
ISBN 3-480-21809-1 (14877)

2. Auflage 2004